Erfolgreich werden

Motivation finden für mehr Erfolg im Leben

Mit Selbstfindung die eigenen Stärken stärken und damit Erfolg haben, erfolgreich sein und im Beruf und privat alle Ziele erreichen

©2018, Leoni Herzig
1. Auflage
Alle Rechte vorbehalten.
Kein Teil aus diesem Buch darf in irgendeiner Form ohne Genehmigung des Autors reproduziert werden

Inhaltsverzeichnis

Motivation finden für mehr Erfolg im Leben	**5**
Wodurch entsteht Motivation eigentlich?	**8**
Ziele erreichen und Erfolg haben ist der beste Motivator	13
Denke erfolgreich!	**16**
Motivationstechnik – Visualisierung	**24**
Wie funktioniert die Visualisierung von Zielen?	27
Belohnungen als Motivationskick	31
Richtig belohnen!	33
Fortschritte sichtbar machen und Spaß dabei haben	36
Das Prinzip von Schmerz und Freude	**38**
Das Schmerz und Freude Prinzip anwenden	43
Wege, die aus einem Motivationstief hinausführen	**47**
Der perfekte Start mit der richtigen Motivation	**55**
Wie Sie Störquellen verschieben können	57
Der innere Schweinehund	**60**

Die Marshmallow Studie – Einblick in Willenskraft
und Selbstkontrolle 63

Lernen Belohnungen und Vergnügen
zu verschieben 67

Wechselwirkung von Selbstdisziplin und Gefühlen 69

Eine zuverlässige Umwelt schaffen 73

Dem Schweinehund mit innerer Stärke
entgegentreten 77

Praktische Tipps und Tricks für neue Motivation 89

**Motivation – die Zauberformel für mehr Energie, mehr
Kraft und mehr Erfolg** 106

Motivation finden für mehr Erfolg im Leben

Die Begrifflichkeit „Motivation" ist allgegenwärtig und überall ist nachzulesen, wie wichtig sie ist, um Ziele zu erreichen und Erfolg im Leben zu haben. Doch was bedeutet Motivation eigentlich? Sie ist der Motor bzw. die innere Kraft, die jeden Menschen antreibt, Dinge anzupacken, Handlungen durchzuführen, um letztendlich das gewünschte Ziel zu erreichen.

Ziele bedeuten Veränderungen, die auf der Erkenntnis beruhen, dass eine Veränderung das Leben nicht nur erleichtert, sondern auch dazu führen, zufriedener und erfolgreicher zu sein. Daher sind klar definierte Ziele absolut wichtig.

Die damit einhergehende Motivation veranlasst Sie dazu, den ersten Schritt in die richtige

Richtung zu gehen und täglich daran zu arbeiten, um Schritt für Schritt das gesteckte Ziel zu erreichen.

Motivation lässt sich auch als den Treibstoff bezeichnen, der zusammen mit einer Zündkerze im Motor die Reaktion auslöst, dass sich der Kolben bewegt und das Fahrzeug in Bewegung gerät. Hat dieser erste Funke eine Reaktion ausgelöst, benötigen Sie weitere Motivation, um durchzuhalten und den Weg der Veränderung zu gehen.

Wann hat sich bei Ihnen das letzte Mal Motivation eingestellt? Wann haben Sie zuletzt den inneren Drang verspürt, Dinge verändern oder erledigen zu wollen, wobei alle anderen Dinge in den Hintergrund gerückt sind? Dank Motivation stellt sich eine gewisse Dynamik ein. Sie ist das Zugpferd, um mit Entschlossenheit Aufgaben anzupacken und zu erledigen.

Sie sorgt zudem dafür, dass Ihnen alles besser von der Hand geht und sogar Spaß macht. Schnell stellt sich das Gefühl ein, dass Sie durch nichts und niemanden zu bremsen sind. Dieses Gefühl zeigt Ihnen, dass Sie Berge versetzen können, wenn Sie es wirklich wollen.

Wodurch entsteht Motivation eigentlich?

Motivation lässt sich allgemeingültig in zwei Formen unterscheiden. Auf der einen Seite steht die extrinsische Motivation, die durch Ereignisse von außen hervorgerufen wird. Einflüssen von außen bewegen Sie dazu, Motivation zu entwickeln, um etwas zu verändern.

Auf der anderen Seite gibt es die intrinsische Motivation. Sie entsteht, wenn Sie etwas machen, was Sie wirklich wollen. Dabei wird sich selbst ein Ziel gesetzt, weil Sie genau wissen, dass Sie sich dadurch verbessern können und mehr Erfolg im Leben haben. Bestimmte Verhaltensweisen werden dabei vermieden, weil diese nicht der eigenen Überzeugung entsprechen.

Die intrinsische Motivation ist deutlich stärker als die extrinsische. Das haben auch soziale Experimente immer wieder bewiesen, die in der Vergangenheit durchgeführt wurden. Zu erkennen ist dabei, dass langfristig die intrinsische Motivation besser für Sie ist. Extrinsische Motivation kann sich hingegen schädlich auswirken, besonders bei Dingen, die Ihnen wichtig sind und die Sie gerne machen.

Grund dafür ist, dass sich der Mensch schnell an Belohnungen gewöhnt, die er für ein bestimmtes, von außen gewünschtes Verhalten bekommt. Fällt die Belohnung weg, wird das gewünschte Verhalten vermieden. Dieser Effekt lässt sich sehr gut an folgendem Beispiel erkennen:

Mehrere Kinder werden in zwei Gruppen aufgeteilt und für eine Stunde in einem Raum mit Papier und Stiften ohne Aufsicht alleine gelassen. Während die eine Gruppe gesagt bekommt, dass es Süßigkeiten für die gemalten

Bilder gibt, wird die andere Gruppe ohne Hinweis in einen Raum geschickt. Die Zeit wird von beiden Gruppen für das Erstellen von Bildern verwendet.

Nach einer Woche wird das Experiment wiederholt. Bei der Gruppe mit der Belohnung prägt sich das Muster ein. Die Kinder wissen jetzt genau, dass sie Süßigkeiten für ihre gemalten Bilder bekommen. Auch die andere Gruppe malt nun Bilder, um sich die Zeit zu vertreiben. Zu diesem Zeitpunkt zeigt sich bei der ersten Gruppe, dass sie nur Bilde malen, weil sie eine Belohnung erhalten. Das Malen ist dabei zweitrangig. Im Vordergrund stehen ausschließlich die Süßigkeiten.

Noch eine Woche später also in der dritten Woche wird das gleiche Experiment erneut durchgeführt. Allerdings gibt es für beide Gruppen keine Süßigkeiten. Das Ausmaß von extrinsischer und intrinsischer Motivation wird dabei überdeutlich.

Die Gruppe mit der Belohnung zeigt keine Bereitschaft, Bilder zu malen, um sich die Zeit zu vertreiben. Selbst diejenigen in der Gruppe, die aus Eigenmotivation heraus sehr gerne zu Papier und Stiften gegriffen haben, weigerten sich für eine Belohnung Bilder zu malen.

Das bedeutet aber nicht, dass extrinsische Motivation immer schlecht ist. Wie oft müssen Sie Dinge tun und Aufgaben erledigen, die Sie langweilen oder wozu Sie gar keine Lust haben?

Die Motivation, die von Ihnen selbst kommt, stellt sich bei solchen Aufgaben nicht so einfach ein. Motiviert werden in solchen Situationen gelingt Ihnen aber, wenn Sie sich belohnen oder im Wettbewerb mit anderen messen.

Beispiel: Auf der Arbeit müssen Sie heute 1000 Werbeschreiben an Kunden in

Briefumschläge packen, die Briefe frankieren und abschicken. Wie sieht in einer solchen Situation Ihre Motivation aus? Wären Sie nicht motivierter, wenn Sie mit einem Kollegen um ein Feierabendbierchen mit leckerem Essen wetten, wer als erster 500 Briefe fertiggestellt hat? Sie brauchen die Arbeit nicht alleine zu verrichten und haben gleichzeitig einen Gesprächspartner. Monotone Arbeiten sind ideal, um extrinsische Anreize zu setzen und damit motiviert an diese Arbeit heranzugehen.

Ziele erreichen und Erfolg haben ist der beste Motivator

Ganz gleich, welche Form zugrunde liegt, das Erreichen des Ziels und der damit einhergehende Erfolg ist die beste Grundlage für Motivation, nicht nur in einer, sondern in doppelter Hinsicht. Wurde eine Aufgabe erfolgreich abgeschlossen, stellt sich innere Zufriedenheit ein. Gleichzeitig gibt es von außen eine Belohnung. Aus diesen beiden Komponenten ergibt sich eine einfache Verbindung.

Wer mehr für das Erreichen eines Ziels investiert, erlebt schnell eine Verbesserung der Fähigkeiten, die die Motivation hochhält. Die neuen Fähigkeiten, das Gefühl, etwas erreicht zu haben und die damit einhergehende Zufriedenheit lassen sich perfekt dafür nutzen, die Motivation immer weiter zu steigern. Es ergibt sich aus diesem Zusammenspiel eine Aufwärtsspirale.

Stellt sich allerdings das Gegenteil ein, wird die Aufwärtsspirale zur Abwärtsspirale. Sie besteht aus wenig Motivation sowie geringem Einsatz und führt dazu, dass nicht nur das gesetzte Ziel nicht erreicht wird, sondern die Motivation noch weiter sinkt. Es fehlt an der Initialzündung, die Ihre Motivation immer wieder puscht. Wer wenig motiviert an Ziele herangeht, hat oftmals nicht den Glauben daran, das Ziel erreichen zu können.

Vielleicht sind die Ziele zu hoch gesteckt. In diesem Fall sollte das Hauptziel in kleine Zwischenziele unterteilt werden. Kleine Aufgaben lassen sich einfacher erledigen und führen Schritt für Schritt zum großen Ziel.

Wenn Sie dieses bewusst durchführen, gehen Sie selbstbewusster und bestimmter dem großen Ziel entgegen. Die Empfindungen, die sich mit jedem erreichten Zwischenziel einstellen, sind der Treibstoff, der die Motivation Stück für Stück wachsen lässt.

Sie haben sicher für heute und morgen noch einige wichtige Aufgaben zu erledigen. Wie können Sie jetzt Ihre Motivation steigern?

Gibt es dabei Aufgaben, für die Sie sich begeistern und intrinsische Motivation entwickeln können? Versuchen Sie gerade langweiligen Dingen mit äußeren (extrinsischen) Anreizen eine gewisse Würze zu verleihen. Die sich daraus ergebenden Erkenntnisse sollten Sie ab jetzt bewusst einsetzen, um Ihre Motivation zu steigern.

Denke erfolgreich!

Ein wichtiger Schlüssel für Motivation ist erfolgreiches Denken, da Sie dabei Ihre eigenen Gedanken zielorientiert auf die erfolgreiche Umsetzung legen. Menschen führen andauernd Selbstgespräche in Ihren Gedanken. Dieser ständige Dialog ist mit unzähligen Fragen gespickt. Dabei wird versucht, Antworten auf die vielen Fragen zu finden.

Alle Aufgaben, die Sie erledigen und alle Dinge, die Sie machen, vom Aufstehen bis zum Schlafengehen, werden durch die Beantwortung der gestellten Fragen beeinflusst. Haben die inneren Fragen eine hohe Qualität, wird es auch qualitativ hochwertige Antworten geben.

Daher ist die Formulierung der Frage immens wichtig. Je besser die Fragestellung, desto erfolgreicher und motivierter gehen Sie an die Beantwortung heran!

Wie gelingt es, Fragen qualitativ zu verbessern und zu modifizieren? Um Ihnen zu zeigen, wie unbrauchbare Fragen sowie Antworten und Erfolgsfragen aussehen, gibt es an dieser Stelle ein interessantes Beispiel:

Sie sind ein Langschläfer, würden das gerne ändern und zukünftig gerne früher aufstehen, um mehr vom Tag zu haben. Die allgemein typische Frage würde folgendermaßen lauten:

- „Warum bekomme ich es nicht hin, früher aufzustehen?"

Ihre Antworten werden garantiert so aussehen:

- „Weil ich gerne lange schlafe!"
- „Weil ich viel Schlaf brauche!"
- „Weil ich abends nicht früh genug schlafen gehen!"
- „Weil ich zu faul zum Aufstehen bin!"

- „Das warme Bett ist doch so gemütlich!"

Wenn Sie sich die Antworten einmal genauer anschauen, stellen Sie schnell fest, dass diese Antworten kontraproduktiv sind. Die Antworten sind nur Gedanken, die eine Ausrede darstellen, warum Sie früheres Aufstehen nicht schaffen. Der geführte innere Dialog ist nicht zielgerichtet. Wer gute Antworten haben möchte, muss die Frage anders formulieren.

Eine Erfolgsfrage ist **immer** positiv formuliert!

- „Wie werde ich zum Frühaufsteher und habe sogar Spaß daran?"

Durch die positive Fragestellung liegt der Fokus Ihrer Gedankenwelt auf einer Beantwortung, die einfallsreich gestaltet ist. Denn es wird nach Wegen gesucht, um das frühere Aufstehen mit Spaß und Freude zu verbinden. Die

Fragestellung hat dabei einen motivierenden Charakter:

- Was hat erste Priorität, dass Sie jetzt sofort machen können, um auf das gewünschte Ziel zuzugehen?
- Wie gelingt es Ihnen, an die wichtigen, zu erledigenden Dinge mit Spaß heranzugehen?
- Was hat heute gut funktioniert und können Sie zukünftig noch verbessern?

Aufbauende Zitate sind auch ein gutes Mittel, um motiviert zu bleiben und das gewünschte Ziel zu erreichen. Neben selbst gestalteten Sprüchen, gibt es eine Menge Zitate von bekannten und berühmten Persönlichkeiten, die Sie für Ihre Motivation nutzen können. Zum Beispiel:

Zitat: „Wer nichts verändern will, wird auch das verlieren, was er bewahren möchte." Gustav Heinemann

Zitat: „Man kann den Menschen nicht auf Dauer helfen, wenn man für sie tut, was sie selbst tun können und sollten." Abraham Lincoln

Zitat: „Es hängt von dir selbst ab, ob du das neue Jahr als Bremse oder als Motor benutzen willst." Henry Ford

Die Lieblingssprüche sollten Sie überall dort platzieren, wo Sie immer wieder ins Auge fallen, auf dem Spiegel im Badezimmer, auf der Kühlschranktüre oder auf dem Schreibtisch.

Die verwendeten Wörter werden auch als Affirmation bezeichnet und drücken eine Bestätigung aus. Je öfter Sie sich diese Wörter sagen und die Zitate lesen, desto einfacher stellt sich der Glaube daran ein. Das gilt nicht nur für positive, sondern auch für negative Aussagen.

Affirmationen sind optimale Hilfestellungen, um sich selbst Mut zuzusprechen und eine positive Beeinflussung vorzunehmen.

Im normalen Sprachgebrauch werden sehr oft Affirmationen in einem negativen Zusammenhang verwendet. Schnell rutschen Ihnen Sätze über die Lippen wie „Ich kann das nicht!" oder „Heute ist nicht mein Tag!".

Gute Formulierungen gelingen Ihnen, wenn Sie den einfachen Regeln folgen:

1. Nutzen Sie Präsenz, also die Gegenwart, um Ihre Aussage zu formulieren.

2. Verwenden Sie positive Worte.

3. Wiederholen Sie so oft wie möglich Ihre Affirmation, um diese zu verinnerlichen.

4. Legen Sie Gefühle und Emotionen in die Aussage.

5. Geben Sie der Aussage ein Gesicht, indem Sie sich ein Bild dazu vor Ihrem inneren Auge ausmalen. (Visualisierung)

Anstatt zu sagen: „Ich kann das nicht!" verwenden Sie einfach: „Ich schaffe das!"

Anstelle von „Heute ist nicht mein Tag!" Nutzen Sie „Jeden Tag geht es besser, in jeder Hinsicht!"

Machen Sie sich keine Gedanken darüber, ob Sie an Ihre Affirmation glauben. Wichtig ist nur, dass Sie an sie glauben wollen. Dadurch legen Sie den Grundstein für eine neue, positive Konditionierung der Gedanken. Mit der Zeit werden die positiven Gedanken die negativen verdrängen und Ihre Entscheidungen und das eigene Verhalten in eine positive Richtung lenken.

Es ist kein Platz mehr für Negatives, das Sie daran hindert, an sich selbst zu glauben und erfolgreich zu sein. Sie trainieren Ihre innere Stimme darauf, dass sie täglich wiederkehrende Gedanken positiv darstellt.

Motivationstechnik – Visualisierung

Die bildliche Darstellung von Wünschen und Zielen ist ein gutes Hilfsmittel, um Motivation zu steigern und mehr Erfolg im Leben zu haben. Nahezu jeder Leistungsträger und Profisportler verwendet die Visualisierung, um mit Begeisterung erfolgreich das gesetzte Ziel zu erreichen.

Das menschliche Gehirn verfügt über eine große Vorstellungskraft und ist daher in der Lage, in Bildern zu denken. Durch diese Möglichkeit hat jeder Mensch sein eigenes Kinoprogramm, in dem eine Menge von abstrakten und komplexen Informationen zu einem anschaulichen Bild verschmelzen.

Zitat: „Man wird zu dem, was man die meiste Zeit denkt." Earl Nightingale

Fast jeder Mensch visualisiert seine Gedanken täglich. Leider wird die Visualisierung auf eine falsche Art durchgeführt, weil sich nur Sorgen gemacht werden, die viel innere Unruhe erzeugen. Visualisierte Befürchtungen stellen sich bildhaft in negativen Ergebnissen dar. Dabei stellen Sie sich vor, was alles schiefgehen kann, wenn Sie diese oder jene Handlungsweise nutzen. Oft genug stellt sich genau diese Situation auch ein.

Wenn Sie Visualisierung als Motivationstechnik einsetzen möchten, fließt die Hauptenergie Ihrer Gedanken in die Vorstellung von positiven Ergebnissen. Es gelingt Ihnen am besten, wenn Sie zu Ihrem Ziel ein Bild vor Augen haben.

Malen Sie sich in schillerndsten Farben das Bild aus, das sich darstellen wird, wenn Sie Ihr Ziel erreicht haben. Gelingt Ihnen die Visualisierung Ihres Ziels, haben Sie die Türe zu Ihrem Unterbewusstsein geöffnet.

Das Unterbewusstsein kann nicht zwischen lebhafter Fantasie und Realität unterscheiden und nimmt dieses positive Bild unzensiert an. Das Ergebnis liegt dabei klar auf der Hand.

Durch das Visualisieren ergibt sich eine starke Motivation, die Sie in Ihrem Glauben bestärkt, das gesetzte Ziel zu erreichen.

Wie funktioniert die Visualisierung von Zielen?

Es gibt vier einfache Mittel, um Ziele zu visualisieren.

1. *Stellen Sie sich in Ihrem Kopf ein klares Bild vor!* Dabei müssen Sie sich schon die Mühe machen, ein Bild in Ihrem Kopf zu erstellen, das wirklich real das Erreichen des Ziels darstellt. Am besten gelingt es, wenn Sie die Augen schließen. Das entstehende Bild müssen Sie greifen können, sodass sich das Gefühl einstellt, als wenn das Ziel bereits erreicht wäre.

2. *Detailliertes Erleben der eigenen Vision!* Nehmen Sie dieses entstandene Bild und fügen Sie es mit Emotionen zusammen. Dabei kommen die Sinne zum Einsatz, damit Sie das Bild hören, sehen, schmecken und spüren, wie

es sich anfühlt. Je realistischer die bildliche Darstellung des Ziels ist und je mehr Gefühle damit verbunden werden, desto größer wird die Motivation, das Ziel zu erreichen.

3. *Visualisieren Sie in jedem Moment das gesetzte Ziel!* Es ist nicht genug, wenn Sie sich nur ein einziges Mal dieses Bild vorstellen. Diese Vision muss möglichst oft mit dem inneren Auge betrachtet werden. Anfangs ist es etwas schwierig und dauert länger, das Erreichen des Ziels in einem detailreichen Bild darzustellen. Doch mit der Zeit kristallisiert sich durch häufiges Vorstellen ein exaktes Bild heraus, welches sich in Ihren Gedanken manifestiert.

4. *Das erste und letzte, was Sie am Tag machen!* Direkt nach dem Aufwachen und vor dem Einschlafen ist das Unterbewusstsein sehr empfänglich. Daher sollten Sie diese Zeit nutzen, um Ihre Ziele bildhaft darzustellen. Die einzelnen Ziele, die Sie zuvor auf Karteikarten

geschrieben haben, lesen Sie sich laut vor und kreieren anschließend das Bild, wie sich das Ziel gestalten soll.

Das Erreichen eines bestimmten Ziels lebhaft und in schillernden Farben auszumalen, gestaltet sich nicht bei den ersten Gedanken. Ihren Traum müssen Sie sich jeden Tag aufs Neue ins Bewusstsein rufen und durch feine Details vervollständigen. Der eigenen Fantasie helfen dabei Bilder auf die Sprünge. Wenn Sie beispielsweise von einer Reise in die Karibik träumen, suchen Sie sich ein tolles Bild im Internet, bearbeiten Sie es, indem Sie sich in einer Hängematte liegend dort einfügen und nutzen Sie dieses als Hintergrundbild auf Ihrem Computer.

Genauso lässt sich ein solches Bild ausdrucken und überall platzieren. Mit mehreren Bildern lohnt sich das Anlegen eines Ordners, in dem alle Bilder gesammelt werden. Durch das Anschauen der Bilder wird die Fantasie angeregt, sodass ein Bild vor Ihrem inneren Auge entsteht. So lässt sich das Visualisieren von Träumen, Wünschen und Zielen sehr gut lernen.

Belohnungen als Motivationskick

Haben Sie sich langfristige Ziele gesetzt, dauert es oftmals eine ganze Weile, bis das Ziel erreicht ist und der große Traum in Erfüllung geht. Dabei wird viel gearbeitet und Energie investiert, ohne erkennbare Fortschritte zu erzielen.

Grund dafür ist, dass Sie die kleinen Erfolge gar nicht sehen, weil Sie immer nur das große Ziel vor Augen haben. Die Folgen sind fatal, weil darunter die Motivation sehr stark leidet oder sogar ganz verschwindet.

Indem das langfristige Ziel in kleine Zwischenziele unterteilt wird, ergeben sich kleine Erfolgserlebnisse, die Sie ausgiebig mit Belohnungen feiern können.

Die Belohnungen sind Futter für Ihre Motivation und sorgen dafür, dass sich großer Ansporn entwickelt, weiter am gewünschten Ziel zu arbeiten und Erfolg im Leben zu haben. Da die kleinen Erfolge nicht lange auf sich warten lassen, bleibt der Zeitraum überschaubar, bis die nächste Etappe erreicht ist und wieder eine Belohnung auf Sie wartet. Suchen Sie sich Zwischenziele auf dem Weg zu Ihrem langfristigen Ziele und motivieren Sie sich mit schönen Dingen.

Richtig belohnen!

Beim Belohnung ist aber Vorsicht geboten. Sie können dazu führen, dass Sie die eigene Motivation komplett verlieren. Lassen Sie ruhig auch einmal eine Belohnung ausfallen, wenn Sie ein Zwischenziel erreicht haben und seien Sie zufrieden mit dem kleinen Erfolg.

Sie machen jeden Tag Fortschritte und bewegen sich auf Ihr großes Ziel zu. Leider gerät das schnell in Vergessenheit. Im Vergleich zum Anfang haben Sie schon große Fortschritte gemacht.

Indem Sie den Anfang mit dem Ist-Stand vergleichen, stellt sich eine innere Genugtuung ein. Diese ist auch ohne zusätzliche Belohnung ein toller Motivationskick. Da Belohnungen aber hilfreich sind, sollten Sie auch wissen, wie diese Belohnungen aussehen sollten. Richtig belohnen gelingt Ihnen, wenn diese angemessen ausfallen.

Wenn Sie gerade fünf Seiten für eine 20 seitige Präsentation fertig haben, können Sie sich nicht mit einer Woche Urlaub belohnen. Umgekehrt ist eine kurze Pause nicht ausreichen, wenn Sie die schwierige Aufgabe erledigt haben. Wählen Sie als Belohnung Dinge aus, die Sie normalerweise nur ganz selten oder gar nicht machen. Vielfach sind es Kleinigkeiten, an denen Sie Spaß haben wie beispielsweise ins Kino gehen, Blumen kaufen, schick Essen gehen, eine Massage oder ein Wellness-Wochenende.

Belohnen Sie sich unmittelbar nach Erreichen des Ziels und schieben Sie es nicht auf die lange Bank. Die Belohnung gibt Ihnen Erholung und Entspannung, wo Sie neue Kraft schöpfen können. Wer zu lange damit wartet und lieber weiter am Erreichen des Ziels arbeitet, muss sich nicht wundern, wenn die Motivation abhanden kommt.

Geld ist für Belohnungen nicht unbedingt nötig. Genauso effektiv ist ein mentales „auf die Schulter klopfen". Damit zeigen Sie sich selbst, wie stolz Sie auf sich sind. Genau damit fördern Sie positives Denken, dass Sie zu mehr Erfolg im Leben führt. Sätze wie „ich bin stolz auf mich" bringen neue Motivation, um auch während der Bewältigung einer Aufgabe durchzuhalten.

Fortschritte sichtbar machen und Spaß dabei haben

Fortschritte lassen sich mit folgender Methode sehr gut sichtbar machen. Nehmen Sie sich eine große Flasche oder ein Glas und geben Sie für jeden erzielten Erfolg ein 50 Cent Stück, 1 oder 2 Euro in das Behältnis.

Mit steigender Höhe sehen Sie, dass Sie Ihrem langfristigen Ziel immer näher kommen. Ein schöner Nebeneffekt: Am Ende können Sie sich von dem gesparten Geld etwas Schönes gönnen! Ähnlich effektiv ist die Verwendung einer To-Do-Liste, die Sie Punkt für Punkt abarbeiten. Mit jeder erledigten Aufgabe kommen Sie Ihrem Ziel näher. Durch Wegstreichen ergeben sich sichtbare Fortschritte, auf die Sie sehr stolz sein können.

Die sichtbaren Fortschritte zielen auf die intrinsische Motivation ab. Für das Erreichen des langfristigen Ziels ist diese viel wichtiger als materielle Boni.

Egal, wie Sie die Belohnungen gestalten, wichtig ist dabei, dass Ihnen die Aufgaben Spaß bereiten, den Sie selbst beeinflussen.

Gehen Sie mit einem Lächeln an eine schwierige Aufgabe heran und Sie werden merken, wie sich das auf Ihre Motivation auswirkt, auch wenn es nicht immer einfach ist.

Das Prinzip von Schmerz und Freude

Jede Handlung oder Veränderung, die ein Mensch durchführt, wird mit Freude oder Schmerz verbunden. Ist nur ein geringes Maß oder gar keine Motivation vorhanden, wird die Aufgabe Schmerzen bereiten. Wer das Prinzip von Freude und Schmerz versteht und das Wissen verinnerlicht, kann die Motivation für mehr Erfolg im Leben verbessern.

Dafür brauchen Sie nur zwei Regeln, da die Motivation auf dem Willen aufbaut, Schmerzen zu vermeiden und dem Verlangen, Freude zu spüren. Von der Gewichtung ist die Vermeidung von Schmerz der stärkere Motivator.

Erst anschließend stellt sich der Wunsch ein, Freude zu spüren und mit jeder Faser zu empfinden. Das Problem ist allerdings, dass viele Dinge mit Schmerzen verbunden werden, auch wenn diese gut für Sie sind.

Genauso erfreuen sich Menschen an Dingen, die schlecht für sie sind und negative Auswirkungen haben. So wird der Zahnarztbesuch, Sport treiben, Geld sparen, und wichtige Telefonate führen mit **Schmerz** verbunden. Verantwortung vermeiden, Alkohol trinken, rauchen, Zeit verschwenden wird hingegen mit **Freude** empfinden gleichgesetzt. Wer solche Dinge mit den falschen Empfindungen belegt, wird sich nur schwerlich motivieren können.

Dringend muss eine neue Bewertung von Schmerz und Freude her, da dies der einzige Ausweg ist. Sie sollten sich einmal Gedanken darüber machen, ob Sie wichtige Dinge in Ihrem Leben mit den richtigen Gefühlen bewerten. Wie gestalten sich Ihre Gefühle bei folgenden Punkten:

- Zeit sinnlos verschwenden
- Übernehmen von wichtigen Aufgaben
- für einen eigenen Fehler einer anderen Person die Schuld geben
- neue Aufgaben annehmen
- mehr lernen
- Sport treiben
- gesund ernähren

Was empfinden Sie? Freude oder Schmerz? Gestalten sich die Gefühle leicht oder schwer? An einem konkreten Beispiel wird es vielleicht noch deutlicher:

Sie haben sich dazu entschlossen, viermal die Woche im Fitnessstudio zu trainieren. Der anstrengende Arbeitstag, der endlich vorbei ist, stellt Sie jetzt vor die Frage, ob Sie jetzt noch trainieren gehen oder doch lieber nach Hause fahren und sich auf die Couch legen. Genau in diesem Moment haben Sie auf den Schultern einen Teufel sitzen.

Die teuflischen, negativen Gedanken hören sich folgendermaßen an: „Laufen ist langweilig! Gewichte stemmen ist anstrengend! Da habe ich keine Lust zu! Außerdem fühle ich mich gar nicht so gut heute. Ich gehe lieber morgen ins Fitnessstudio..."

„Ich habe keine Lust" ist mit fehlender Motivation gleichzusetzen. Dementsprechend werden das Fitnessstudio und der Sport mit Schmerz verbunden. Eine Alternative für diese negativ behafteten Sätze wären beispielsweise: „Auf die Couch, Fernseher an und lecker Chips essen habe ich mir nach diesem anstrengenden Tag verdient."

Hinter der Lustlosigkeit versteckt sich ganz geschickt nicht nur fehlende Motivation, sondern auch der Wille, sich dem Schmerz zu entziehen und Freude zu erleben. Sie haben die falschen Gefühle ausgewählt, die Sie mit dem Training verbinden. Wenn Sie zulassen, dass sich die negativen Gedanken in Ihren Empfindungen breit machen, werden Sie komplett auf das Training und Sport verzichten.

Die vermeintliche Freude, die sich mit der Tüte Chips vor dem Fernseher ergibt, sorgt dafür, dass Sie sich von Ihrem Ziel ablenken lassen und immer weiter entfernen. Seien Sie sich im Klaren darüber, dass jedes neue Ziel eine große Herausforderung darstellt. Widerstand wird es immer geben.

Ihn zu überwinden gelingt, indem Sie Ihre Ziele in Verbindung mit Freude setzen. Damit Sie in Zukunft motiviert bleiben, müssen Sie lernen, Ihre Gefühle richtig zuzuordnen.

Das Schmerz und Freude Prinzip anwenden

Damit das Schmerz und Freude Prinzip richtig funktioniert, sind die inneren Überzeugungen einmal genauer zu betrachten und an den Stellen, wo fehlende Motivation vorherrscht, Schmerz in Freude umzuwandeln. Was sich so leicht liest, ist mühsame Arbeit. In der Realität ist die Umkehrung ein einschneidender Entwicklungsprozess.

Davon sollte sich aber niemand abschrecken lassen, da die Veränderung der Denkweise wirklich lohnenswert ist. Zuerst ist die Frage zu beantworten, wie der Prozess genau abläuft. Im ersten Schritt wird eine Gewohnheit oder ein Verhalten herausgesucht, wo eine falsche Einordnung in Schmerz oder Freude erfolgt.

Da Sie sich selbst am besten kennen, werden Sie schnell herausfinden, wo es um Ihre Motivation schlecht bestellt ist. Seien Sie dabei von Grund auf ehrlich zu sich selbst und schaffen Sie absolute Klarheit in diese Phase. Damit erkennen Sie, wo Sie Ihre Motivation verbessern können.

Haben Sie einen solchen Bereich ausfindig gemacht, schreiben Sie die Gründe auf, warum genau in diesem Fall Freude und Schmerz falsch zugeordnet werden.

Welche Assoziationen ergeben sich mit dem Verhalten oder der Aufgabe? Schauen Sie genau bei Ihrer Einstellung hin. Welche Gründe und Einstellungen sind maßgeblich, warum Sie nicht aktiv werden? Mit diesen Fragen erhalten Sie tiefe Einblicke in Ihre inneren Überzeugungen, die Sie beim Handeln ausbremsen.

Durch diese Einstellung befreien Sie das Potenzial, das in Ihnen steckt. Die Veränderung der Überzeugungen und Einstellungen ist wichtig, um Motivation für mehr Erfolg im Leben zu entwickeln.

Menschen, die an ihre neue Überzeugung glauben, formulieren ihre Gedanken positiv und bringen ihre Freude zum Ausdruck.

- Ich freue mich Sport treiben zu können und gesund zu sein
- Sport bietet mir Erholung und fördert meine Leistungsfähigkeit
- Ich nutze immer mehrere Sportarten an unterschiedlichen Orten, um immer Neues zu erleben
-

Mit solchen Gedanken wird der Anteil an Freude gesteigert. Genauso lässt sich die Tüte Chips auf der Couch vor dem Fernseher mit größerem Schmerz verbinden. Dafür vergegenwärtigen

Sie sich, dass dieses Verhalten schlechten Einfluss auf Ihren Körper und die Gesundheit hat.

Notieren Sie Ihre neuen Denkansätze und versuchen Sie sich so zu verhalten, als würden Sie hundertprozentig daran glauben. Ganz automatisch werden die alten Überzeugungen nach einiger Zeit durch die neuen Denkweisen ersetzt.

Das passiert nicht von jetzt auf gleich oder von heute auf morgen. Es läuft nicht immer alles sofort rund, wenn Sie etwas Neues versuchen. Durch die richtige Zuordnung der Gefühle ergibt sich aber auf Dauer wesentlich mehr Motivation. Das ist der eigentliche Trick!

Wege, die aus einem Motivationstief hinausführen

Da Menschen keine Maschinen sind, die immer mit gleicher Leistung laufen, kann Motivation schwanken und auch auf den Nullpunkt sinken. Das ist eine ganz normale Erscheinung.

Gründe dafür gibt es viele. Vielleicht gab es ein Ereignis, dass Sie aus dem Rhythmus gebracht hat, wodurch Sie wieder in Ihre alten Gewohnheiten hineingerutscht sind.

Nach einer solchen Begebenheit ist es wichtig, dass Sie wieder in den Rhythmus kommen.

Schnell werden nämlich aus einem oder zwei Tagen Auszeit mehrere Wochen oder sogar Monate.

Um schnell wieder in den Tritt zu kommen und die alte Begeisterung zurückzugewinnen, gibt es einige simple Tricks, um wieder motiviert die eigenen Ziele zu verfolgen.

1. Wieder anfangen!

Ein Wiederanfang hört sich einfach an, ist es auch! Trotz der Einfachheit ergibt sich ein großes Maß an Effektivität, die Sie von Anfang an nutzen können. Das bereits Gelernte ist nicht weg, sondern nur hinter alten Gewohnheiten versteckt.

Mit dem Reset stoßen Sie den Stein erneut an und haben ein erweitertes Wissen, um den Fehler zu umgehen, der Sie beim vorherigen Versuch aus der Bahn geworfen hat.

Sie nutzen neue, veränderte Denkansätze, die sich zu einer Vorwärtsbewegung entwickelt und Motivation für mehr Erfolg im Leben bereitstellt.

Zitat: „Lass dich nicht gehen, gehe selbst!"
Magda Bentrup

Und genau das ist es, was Sie jetzt machen. Sie setzen sich wieder in Bewegung. Anstatt darüber nachzudenken, wie wenig Motivation doch vorhanden ist, ergreifen Sie ganz unbemerkt die Gelegenheit beim Schopf und beginnen von Neuem, Ihr Ziel zu verfolgen.

Durch Ihre Gedanken haben Sie Motivation freigesetzt, die Ihnen den Neuanfang erleichtert hat.

2. Langsame Beschleunigung

Setzen Sie sich nicht zu sehr unter Druck und versuchen Sie nicht nach einer längeren Pause gleich wieder Höchstleistungen zu erzielen. Alles braucht seine Zeit. Daher ist es sinnvoll, sich von Tag zu Tag zu steigern, um den letzten Stand wieder zu erreichen.

Dabei werden Ihnen immer wieder Dinge auffallen, die Sie noch besser machen können. Zeit ist das kleine Zauberwort. Sie ermöglicht Ihnen, ohne Druck wieder Ihr ursprüngliches Level zu erreichen, ohne dass Sie genervt die Flinte ins Korn werfen.

3. Lernen Sie das Auf und Ab der Motivation zu akzeptieren

Motivation ist keine Konstante, die immer eine gleichbleibende Wirkung hat. Es ist vollkommen okay, wenn Sie Tage haben, an denen Sie sich am liebsten verkriechen würden.

Achten Sie nur darauf, dass die negativen Gedanken nicht zu stark werden. Stattdessen sollten Sie diese als besondere Herausforderung sehen und aus solchen Tagen das Beste machen.

Tage mit viel Energie, Motivation und Tatendrang sind kein guter Maßstab, da Sie damit die Messlatte sehr hoch legen. Freuen Sie sich einfach über diesen hochmotivierten Zustand und holen Sie alles heraus.

4. Ausgeschlafen starten!

Genügend Schlaf ist ein wichtiger Faktor für eine gute Motivation. Wer ausgeschlafen ist, kann zu Spitzenleistungen auflaufen und wahre Höchstleistungen erbringen.

In der Ruhephase sammelt der Körper eine ganze Menge Energie, die er für alle Prozesse benötigt. Die Motivation leidet, wenn Sie müde, erschöpft und unausgeschlafen sind.

Wer etwas erreichen möchte, sollte auf genügend Schlaf und Entspannung achten. Zu viel Schlafen ist aber auch nicht gut. Finden Sie Ihr eigenes gesundes Mittelmaß heraus!

5. Suchen Sie sich Partner!

Gemeinsam geht alles leichter! Wenn Sie einen Partner haben, der mit Ihnen gemeinsam an einem Strang zieht, fällt es Ihnen leichter, Ihre Motivation aufrechtzuerhalten. Sie beide haben das gleiche Ziel und können sich gerade in schweren Phasen unterstützen und gegenseitig motivieren. Für große Aufgaben gibt es Coachs, die Ihnen als Experte zur Seite stehen.

6. Immer am Ball bleiben und niemals hintereinander zwei Tage ausfallen lassen!

Gerade beim Sport schleichen sich schnell wieder alte Gewohnheiten ein. Es werden Argumente gefunden, warum Sport heute nicht gemacht werden kann. Am nächsten Tag wird unter einem fadenscheinigen Vorwand auch nicht trainiert. Das Sie einmal keine Lust haben und lieber faul auf der Couch liegen ist vollkommen in Ordnung.

Absolut entscheidend ist aber, dass Sie nicht aus dem Rhythmus kommen. Überwinden Sie den inneren Schweinehund und starten Sie am darauffolgenden Tag wieder durch.

Wer neue Gewohnheiten lernen möchte, darf nicht von der Regel abweichen. Durch die Abweichung geht vieles verloren, was Sie bisher über einen längeren Zeitraum aufgebaut haben.

Dieser Fakt stellt schon genug Motivation bereit, am nächsten Tag wieder durchzustarten.

7. Das innere Feuer entfachen!

Wenn Ihnen die Motivation verloren gegangen ist, sollten Sie den Verlust hinterfragen. Es gab ja schließlich eine Zeit, wo Sie mit großer Motivation an Ihrem Ziel gearbeitet haben. Begeben Sie sich auf die Suche nach Ihrem inneren Feuer und entfachen Sie es neu. Hilfreich sind dafür Motivationssprüche und inspirierende Geschichten.

Überlegen Sie sich, wie Sie an den Aufgaben wieder Spaß erlangen. Es gibt eine Vielzahl von Möglichkeiten, Abwechslungen herbeizuführen und neue Motivation zu erlangen. Entdecken Sie Ihre kreative Seite, um mit mehr Spaß und Leidenschaft Ihre Ziele zu verfolgen.

Der perfekte Start mit der richtigen Motivation

Sie haben sich bestimmt auch schon einmal die Frage gestellt, warum Ihnen für die wichtigste Aufgabe am Tag die Motivation und Willenskraft fehlt. Die Antwort ist ganz einfach! Neben einem starken, klar definierten Ziel gibt es einen wichtigen Aspekt, der eng mit der Motivation verbunden ist.

Gemeint ist die Willenskraft. Sie ist die innere Motivation, die nicht in Abhängigkeit zu äußeren Faktoren steht. Diese natürliche Willenskraft sorgt dafür, dass Sie motivierter sind. Daher sollten Sie wissen, wann die Höhepunkte sind.

Sie haben garantiert schon einmal etwas über Biorhythmus gehört. Dieser lässt sich anhand von einer wellenförmigen Kurve darstellen, die sich über den Tag mit Höhen und Tiefen zeigt. Genauso wellenförmig wie die Kurve des Biorhythmus verläuft, gestaltet sich auch die Kurve der inneren Willenskraft, wenn ständig Störungen vorliegen.

Die natürliche Willenskraft nimmt über den gesamten Tag hin ab, während durch ein starkes Warum die allgemeine Höhe die Motivation bestimmt wird.

Daher ist nicht entscheiden, wie sehr Sie etwas wollen, sondern zu welchem Zeitpunkt Sie die Umsetzung in Angriff nehmen. Entgegenwirken können Sie einer sinkenden Motivation nur, wenn Sie Störquellen verschieben. Gelingt Ihnen das, kommen Sie in den sogenannten Flow. Dieser optimale Leistungszustand ist der Schlüssel für eine natürliche Willenskraft, die länger anhält.

Wie Sie Störquellen verschieben können

Grundsätzlich ist morgens die Motivation am höchsten, weil Sie zu diesem Zeitpunkt ausgeruht sind. Über Nacht hat sich Ihr Geist erholt und der Körper Energie getankt.

Der gesamte Organismus ist bereit, um neue, anstehende Aufgaben zu bewältigen. Genau diesen Zeitraum sollten Sie nutzen. Im Verlauf des Tages werden Sie nie wieder diese Energie und Motivation haben.

Viele Menschen schaffen es, die innere Willenskraft direkt wieder kaputtzumachen. Sie haben kaum die Augen auf, schauen direkt ins E-Mail-Postfach oder lesen anspruchsvolle Artikel in der Tageszeitung.

Damit verschwenden Sie viele Ressourcen der morgendlichen Motivation, die sie deutlich sinnvoller nutzen könnten.

Sie beginnen den Tag mit den Problemen anderer und lenken sich damit von Ihren eigenen Zielen ab. Das ist Verschwendung von innerer Willenskraft.

Zitat: „Wenn Du Dir zur Gewohnheit machst, die schwierigste Aufgabe zuerst zu erledigen, wirst Du nie zurückblicken. Du wirst einer der produktivsten Menschen Deiner Generation werden." Brain Tracy

Wer sich zuerst mit den Problemen anderer beschäftigt, verliert die eigenen Prioritäten aus dem Blickfeld. Nutzen Sie lieber Ihre innere Willenskraft für sich selbst und verschieben Sie Störfaktoren.

An erster Stelle steht ab jetzt die eigene Prioritätenliste. Ansonsten werden Sie den Tag über kaum Motivation haben. Treten zudem noch Probleme auf, ergibt sich eine Abwärtsspirale, die kaum noch aufzuhalten ist.

Setzen Sie Ihre Prioritäten anders. Zuerst kommen Sie und Ihre Dinge an die Reihe. Schon mit der kleinen Umstellung setzen Sie viel Energie frei, die Sie sonst für Belanglosigkeiten verschwendet haben. Für die Zukunft lässt sich die natürliche Willenskraft nutzen, um mit mehr Motivation an Aufgaben und Ziele heranzugehen.

Der innere Schweinehund

Immer wieder gibt es solche Tage, an denen alles, was bisher erreicht wurde und viel Anstrengungen und Mühen gekostet hat, Infrage gestellt wird. Warum diese ganzen Qualen auf sich nehmen? Warum Veränderungen herbeiführen, wenn es sowieso nicht funktioniert?

Es ist doch viel einfacher, so weiter zu machen wie zuvor und weniger Erfolg sowie Zufriedenheit zu akzeptieren. Es hat doch damals funktioniert.

Solche Situationen treten gerade bei langfristigen Zielen auf, deren Erreichen mehrere Wochen und Monate dauert. Die Tipps und Möglichkeiten, um Veränderungen herbeizuführen, hören sich meist so einfach an. Doch machen Sie sich nichts vor.

So einfach wie es sich liest, ist eine Veränderung von Gewohnheiten nicht. Genauso wenig bieten die Vorschläge keinen Rundumschutz gegen das Motivationsloch, das überall nur darauf wartet, um Ihnen Ihre Grenzen aufzuzeigen.

Auf einmal gelingen Ihnen noch nicht einmal die einfachsten Aufgaben, die Sie Ihrem Ziel ein Stück weit näher bringen. Schnell ist ein Schuldiger für diese Misere gefunden. Es ist der innere Schweinehund, dem gerne alles in die Schuhe geschoben wird.

So einfach ist es aber nicht! Menschen haben gerade an schlechten Tagen schnell eine Erklärung für die nachlassende Bereitschaft parat und können aus dem Stegreif begründen, warum ihnen die Motivation fehlt, gerade an nicht so guten Tagen für die auserkorenen Ziele zu kämpfen.

Es wird sich der Verantwortung entzogen, weil das der einfachste Weg ist. Da kommt der innere Schweinehund gerade richtig. Grundsätzlich sind ein solches Verhalten und Denkweisen falsch. Verantwortung übernehmen müssen Sie nicht nur an den Tagen, die gut laufen, sondern auch an den Tagen, wo es nicht so gut läuft.

Die Marshmallow Studie – Einblick in Willenskraft und Selbstkontrolle

Walter Mischel hat in der Zeit von 1968 bis 1974 die Marshmallow Studie mit Kindern im Alter von 4 Jahren durchgeführt. Die Kleinen konnten sich entscheiden, ob sie die süße Köstlichkeit direkt essen oder ob sie warten wollen, um ein weiteres Marshmallow zu bekommen, wenn sie es schaffen, dem direkten Verzehr zu widerstehen.

Einige Kinder haben es geschafft, andere wiederum konnten nicht warten und verzehrten die Leckerei sofort. Mit diesem Test wird die Bedeutung des Aufschiebens und der Impulskontrolle sehr deutlich. Gleichzeitig zeigt sich, in welchem Zusammenhang

Selbstbelohnung und sozialer, emotionaler sowie akademischer Erfolg stehen.

Der Verzicht auf die sofortige Belohnung ist eine Fähigkeit, die dabei hilft, langfristige Ziele zu erreichen. Im Detail gibt diese Studie Aufschluss darüber, unter welchen Bedingungen Menschen bereit sind, die unmittelbare Belohnung zugunsten eines längerfristigen Ziels nicht zu nutzen. In diesem Experiment wird der Aufschub der Belohnung als Persönlichkeitseigenschaft gesehen und zeigt die Fähigkeit zur Selbstkontrolle.

Dreizehn Jahre später wurden die gleichen Kinder erneut eingeladen. Bei Gesprächen kristallisierte sich heraus, dass die Kinder, die auf den sofortigen Genuss des Marshmallows verzichtet hatten, im jetzigen Alter Schule und Ausbildung deutlich erfolgreicher und zielstrebiger bewältigten.

Darüber hinaus zeigte sich, dass genau diese Kinder besser Rückschläge verkraften und als sozial kompetenter einzustufen sind. In dem damaligen Versuch ging es nicht nur um Willenskraft, sondern auch um Ausdauer, Frustrationstoleranz und Selbstkontrolle.

Wären die Kinder, die der Versuchung nicht widerstehen konnten, im Anschluss an das Experiment gefragt worden, warum sie das Marshmallow sofort gegessen haben, wäre garantiert folgende Antwort gekommen: „Ich wurde dazu gezwungen, obwohl ich das gar nicht wollte." Wer hat die Kinder nur dazu gezwungen?

Die Antwort sagt nichts anderes aus, als dass dem inneren Schweinehund die Schuld dafür gegeben wird, dass sie der Versuchung nicht widerstehen konnten.

Im täglichen Leben machen die Menschen nichts anderes und geben dem inneren

Schweinehund die Schuld dafür, warum sie nicht zum Training gegangen sind, sondern die Couch, eine Tüte Chips und das Fernsehprogramm bevorzugt haben.

Das klingt ganz nett, weil es einen Schuldigen gibt. Mit Ehrlichkeit betrachtet zeigt es, dass Sie sich dazu entschieden haben, nicht zum Training zu gehen, weil Sie lieber faul sein wollen.

Der innere Schweinehund ist gleichzeitig auch der Engel, der für Erfolg steht. Geben Sie einer Versuchung nach, tragen Sie dafür auch die ganze Verantwortung. Das gleiche gilt auch für Nebensächlichkeiten, von denen Sie sich von Ihrem eigentlichen Ziel ablenken lassen.

Lernen Belohnungen und Vergnügen zu verschieben

Der innere Schweinehund ist sehr mächtig aufgestellt und hat viele Tricks auf Lager, um Sie von Ihrem Weg abzubringen. Würde er nur ab und zu die Oberhand gewinnen, wäre das kein großes Drama.

Leider wird schnell aus einem motivationslosen Tag eine ganze Woche, ein oder gleich mehrere Monate. Sie führen dazu, dass Sie sich nicht mehr motivieren können, weiter an Ihren Zielen zu arbeiten.

Die Kinder aus der Marshmallow Studie, die mit dem Verzehr der Leckerei gewartet haben, machen es Ihnen vor. Sie haben die nötige Selbstdisziplin, um auf das schnelle Vergnügen zu verzichten und auf die größere Belohnung zu warten. Das bedeutet Anstrengungen und sich in Geduld üben.

Selbstdisziplin ist eine ganz besondere Fähigkeit, die Sie erlernen können. Sie hilft Ihnen dabei, Belohnungen aufzuschieben und Tage, wo es Ihnen an Motivation fehlt, diszipliniert zu überstehen und nicht in alte Muster zu verfallen.

Wechselwirkung von Selbstdisziplin und Gefühlen

Wer die Wahl zwischen einer sofortigen Belohnung oder einem Aufschub ein paar Wochen später hat, wird keine rationale, gut überlegte Entscheidung treffen. Verantwortlich dafür ist die momentane Gefühlslage.

Sie hat großen Einfluss darauf, wie Ihre Entscheidung ausfällt. Wissenschaftler haben in einer interessanten Studie herausgefunden, dass Traurigkeit dazu verleitet, beispielsweise Sparziele über den Haufen zu werfen und stattdessen etwas Schönes für das Geld zu kaufen. Es sind die sogenannten Frustkäufe, mit denen die Seele gestreichelt wird.

Menschen, die traurig und erschöpft sind, agieren nicht mehr so diszipliniert. Die negativen Gefühle verändern den Blickwinkel und verschleiern die Sicht auf das Wesentliche. Rationale Argumente ziehen nicht, weil sie ihre Überzeugungskraft verloren haben.

In solchen Phasen möchte sich jeder gerne sofort wieder besser fühlen. Die Perspektive, dass dieser Zustand auch länger andauern kann, ist nicht gerade förderlich, um selbstdiszipliniert zu bleiben.

Wie sieht es mit den positiven Gefühlen aus? Lassen sich bei guter Laune und positiven Gefühlen Belohnungen einfacher aufschieben? David DeStone und sein Team von der Northwestern University haben versucht, das mit einer Studie herauszufinden.

Die Aufgabe an die Teilnehmer war klar definiert. Einige sollten sich an ein Ereignis erinnern, das große Dankbarkeit bei ihnen erzeugt hat. Die andere Gruppe hatte die

Aufgabe, sich ein Ereignis im normalen Tagesablauf ins Gedächtnis zu rufen.

Durch die unterschiedliche Aufgabenstellung wurde bei der ersten Gruppe das Gefühl von Dankbarkeit erzeugt. Die zweite Gruppe diente zur neutralen Kontrolle der Ergebnisse. Anschließend wurde den Teilnehmern der Studie Geld angeboten.

Sie konnten sich entscheiden, ob sie es sofort oder erst in drei Monaten bekommen. Den Teilnehmern aus der neutralen Kontrollgruppe musste DeSteno nur 55 Dollar im Durchschnitt anbieten, um einen Verzicht auf die 85 Dollar nach dreimonatigem Warten herbeizuführen. Von den dankbaren Teilnehmern wurden 63 Dollar verlangt, damit sie auf die 85 Dollar nach drei Monaten verzichten.

Das Ergebnis der Studie zeigt, dass dankbare Menschen mehr Selbstdisziplin haben. Der innere Schweinehund erlangt nicht mehr die

Macht, wenn Sie bereits im Vorfeld für eine positive Einstellung sorgen.

Gefühlswelt und Motivation sind sehr engmaschig miteinander verstrickt. Dessen sollten Sie sich immer bewusst sein, weil das Wissen darum an schlechten Tagen eine gute Hilfestellung ist.

Läuft es mit der Motivation einmal nicht so gut, sollten Sie nicht in Selbstmitleid verfallen, sondern schauen, wie Sie wieder gute Laune erlangen. Nutzen Sie dafür Ereignisse, die Dankbarkeit und ein Glücksgefühl in Ihnen hervorgerufen hat. Denken Sie an schöne Momente, um schlechte Gefühle zu beseitigen.

Eine zuverlässige Umwelt schaffen

Die Umwelt hat einen großen Einfluss auf die Fähigkeit, schnelle Belohnungen beiseite zu schieben und in bestimmten Momenten darauf zu verzichten.

Im Zusammenleben mit anderen Menschen, genauso wie im Job gibt es immer wieder Situationen, die Sie an den Rand der Verzweiflung bringen, das Feuer der Motivation eiskalt auslöschen und Ihre Gefühle verletzen. Die folgenden Motivationskiller kennt jeder:

- Ihr Chef bittet Sie zum wiederholten Male um Überstunden und sagt Ihnen für Ihr Entgegenkommen noch nicht einmal ein Dankeschön. Wie ist es in einer solchen Situation um Ihre Motivation bestellt?

- Bei einer Diät versprechen Sie sich beim Erreichen eines bestimmten Ziels immer wieder Belohnungen, die Sie sich letztendlich doch nicht gönnen. Wie lange wollen Sie durchhalten?

- Sie lernen für eine wichtige Klausur und glaube, dass sie diese eh nicht schaffen. Wie viel Stoff sind Sie bereit für diese Klausur zu lernen?

Eine zuverlässige Umwelt erreichen Sie, indem Sie sich etwas vornehmen und auch erledigen. Schaffen Sie Kontinuität, indem Sie immer und immer wieder am Ball bleiben.

Ihr Gehirn wird bald begreifen, dass zwei Dinge wichtig sind. Auf der einen Seite begreifen Sie, dass sich das Durchbeißen lohnt und auf der anderen Seite, dass Sie alles schaffen, was Sie sich vorgenommen haben.

Eine zuverlässige Umwelt formen Sie, indem Sie Arbeit und Vergnügen ins Gleichgewicht bringen. Arbeit ist beispielsweise, wenn Sie morgens nach dem Aufstehen eine Runde Joggen gehen.

Vergnügen ist die Belohnung mit einem leckeren, gesunden Frühstück. Erledigen Sie Aufgaben, die Sie schon lange auf Ihrer To-Do Liste haben und immer wieder vor sich her schieben und belohnen Sie sich anschließend.

Das ist nicht nur gut für die Motivation, sondern auch für eine zuverlässige Umwelt. Sie hat ihren Ursprung in Ihnen selbst. Mit dieser Erkenntnis werden Sie zum Fels in der Brandung.

Sie haben die Entscheidung über Ihr Leben in der Hand und lassen nicht mehr den inneren Schweinehund entscheiden. Erledigen Sie die Dinge, die Sie sich vorgenommen haben, ohne Wenn und Aber!

Dem Schweinehund mit innerer Stärke entgegentreten

Innere Stärke ist ein sehr guter Verbündeter, um den inneren Schweinehund zu besiegen und Erfolg im Leben zu haben. Sie ergibt sich aus Selbstvertrauen, Selbstbewusstsein, aus dem Glauben an sich selbst und führt letztendlich dazu, dass Sie immer, in jeder Situation motiviert bleiben, Ihre Ziele zu verfolgen.

Zitat: *„Wenn es einen Glauben gibt, der Berge versetzen kann, so ist es der Glaube an die eigene Kraft."* Marie von Ebner-Eschenbach

Mit dem Glauben an sich selbst erlangen Sie innere Stärke und Kraft, die Sie für jede Lebenslage rüsten und Ihnen an schlechten

Tagen dabei helfen, dem Schweinehund die Stirn zu bieten.

Gehören Sie zu diesen Menschen, die gerade in Krisenzeiten ihre ganze innere Stärke entfalten und dabei auch noch ihre Leidenschaft und Power bewahren? Packen Sie die Hindernisse auf dem Lebens-Parcours beim Schopf, wachsen über sich hinaus und nehmen Sie mutig jede Hürde, um Ihr Ziel zu erreichen? Dann gehören Sie zu den glücklichen Menschen, die eine ausgeprägte innere Stärke besitzen.

Die gute Nachricht ist aber, dass diesen Menschen die Stärke nicht in die Wiege gelegt wurde. Sie haben gelernt, innere Stärke zu entwickelt. Sie können das auch! Jeden Tag lässt sich emotionale Widerstandsfähigkeit trainieren, um Niederlagen besser zu verkraften und Ziele weiter zu verfolgen.

Stärke entwickeln bedeutet nichts anderes, als Ihre inneren Kraftquellen zu erkennen, diese auszuschöpfen und auf das Leben projizieren, um Veränderungen zu schaffen.

Innere Stärke und das damit einhergehende Selbstvertrauen ist ein guter Motivator, der Ihnen die Unterstützung gibt, um mehr Erfolg im Leben zu haben und viele Dinge mit Gelassenheit zu sehen.

Es gibt einige interessante Strategien, mit denen Sie innere Stärke erlangen.

1. Änderung des Ich-Images in Ihrem Kopf!

Profisportler haben sich darauf programmiert, selbst in schwierigen Situationen positiv zu denken und den Sieg im Auge zu haben. Dieses Können ist die Formel für ihr Selbstbewusstsein und ihre Zufriedenheit. Denn sie wissen, was in ihnen steckt und können bei allen Aufgaben auf ihre Fähigkeiten vertrauen, um Bestleistungen zu erbringen.

Versuchen Sie emotionale Krafträuber ausfindig zu machen. Dazu gehört neben Selbstzweifel auch ein negativ behaftetes Ich-Image. Mit kleinen Herausforderungen können Sie auch Ihr negatives Ich-Image verändern. Setzen Sie sich ein langfristiges Ziel und unterteilen Sie dieses in viele kleine Zwischenziele.

Mit dem Erreichen jedes einzelnen Zwischenziels rücken Sie nicht nur dem langfristigen Ziel näher. Sie bleiben motiviert und füllen Ihren Kopf immer wieder mit neuen, wertvollen Erfahrungen.

Wenn Sie beim ersten Versuch scheitern, sollten Sie sich davon nicht beeindrucken lassen. Anlaufschwierigkeiten, Startprobleme und Pannen sind sogar hilfreiche Begleiter, die

Sie zu mehr mentaler Stärke führen und der vielleicht momentan fehlenden Motivation neuen Zündstoff geben. Denken Sie immer daran, dass Sie selbst und für Ihre Seele der beste Trainingspartner sind, um sich bewusst den neuen Aufgaben und Zielen zu stellen.

2. Suchen Sie nach einem dynamischen Selbstbild!

Der Fahrer hat die Kontrolle über das Fahrzeug und nicht der Beifahrer. Daher hat der Fahrer Einfluss darauf, wann man ausgebremst wird. Eine negative Selbsteinschätzung ist nicht immer der Grund für einen Misserfolg. Er kann auch auf falschem, positivem Denken beruhen.

Ist das Selbstbewusstsein nicht auf der Höhe, kommen Formeln wie „Ich schaffe das!" zum Einsatz. Leider bewirken sie das Gegenteil, da sie die Tatkraft schwächen und Optimismus vorgaukeln. Sie möchten daran glauben, können es aber nicht und fühlen sich schnell als Verlierer.

Um das Selbstbewusstsein zu stärken, sollten Sie sich Ihrer Stärken und Schwächen bewusst sein. Heikle Szenen und kleine Krisen sind nicht nur negativ, sondern haben ein großes Potenzial, um Ihnen zu zeigen, dass Sie Berge versetzen können, auch wenn Sie dieses in dem Moment nicht so gesehen haben. Anhand von Situationen Stärken und Schwächen erkennen, verhilft Ihnen zu einem dynamischen Selbstbild und bringt Sie zu der Überzeugung, dass Sie aus Fehlern lernen.

Das ist ein wichtiger Aspekt für die Motivation, weil ein schlechter Tag eigentlich kein schlechter Tag ist, sondern nur eine neue Herausforderung, eine neue Chance.

3. Motivation oder wie 10 Zentimeter über Erfolg und Misserfolg entscheiden

Im Leben sind es nur wenige Zentimeter, die darüber entscheiden, ob Sie erfolgreich sind oder nicht. Anders ausgedrückt könnte man auch sagen, dass Sie nur dorthin gelangen, wo Ihr Kopf bereits ist.

Wenn im Kopf aber das totale Chaos herrscht und keine Eintragungen in der Prioritätenliste vorgenommen wurden, ist Misserfolg und fehlende Motivation vorprogrammiert. Um das Chaos im Kopf zu beseitigen, sollten Sie vor großen Entscheidungen kleine leichte Aufgaben erledigen und dabei Entscheidungen treffen.

Amerikanische Psychologen der University of South Dakota haben zudem herausgefunden, dass die Ernährung eine große Rolle spielt. Nach einem guten, leckeren Essen stellt sich nicht nur eine Sättigung und Zufriedenheit ein.

Auch Planungen für die Zukunft sind erfolgversprechender. Grund dafür ist die Insulinausschüttung und der damit steigende Blutzuckerspiegel. Liegt dieser auf optimalem Niveau, ist das Gehirn in der Lage, eine klarere Bewertung zukünftiger Begebenheiten abzugeben und realistischer die Risiken einzuschätzen.

An die Prioritäten gehen Sie planungsfreudiger, selbstbewusster und motivierter heran. Ziele finden und anvisieren gestaltet sich dabei recht einfach. Bei der Umsetzung ist wieder Willensstärke gefragt, die einen wichtigen Indikator für Motivation darstellt und dem inneren Schweinehund die Stirn bietet.

Ergreift der innere Schweinehund erst einmal Besitz von Ihnen, sind alle Ziele, Wünsche und Träume erst einmal dahin. Für das Training der inneren Stärke kann Ihnen eigentlich nicht besseres passieren. Denn durch diese Situation fördern Sie die Fähigkeit der Selbstwirksamkeit.

Menschen mit dieser Fähigkeit ziehen sich nicht in die Schmollecke zurück, sondern befreien sich selbst aus der verfahrenen Situation und verfolgen ihr Ziel unbeirrt weiter. Es entsteht das Gefühl, die Zukunft selbst zu bestimmen, wodurch ihr Ego gestärkt wird.

Wenn es Ihnen gerade an der nötigen Motivation fehlt, unterstützen Sie sich selbst, indem Sie einem anderen Menschen etwas Gutes tun. Mit einer guten Tat stärken Sie Ihr Durchhaltevermögen und die eigene innere Kraft.

Wissenschaftler der Harvard University of Cambridge haben in einem Experiment herausgefunden, dass nicht nur Kraft für einen Neustart vorhanden ist.

Vielmehr ergibt sich ein angenehmes Bauchgefühl, dass Ihnen innerlich auf die Schulter klopft.

4. Rituale pflegen und Kraft tanken

Neben den Veränderungen, die durch Motivation zu mehr Erfolg im Leben führen, sind Rituale sehr wichtig. Denn bei neuen Herausforderungen und großen Veränderungen sind sie die Kraftquelle. Wenn diese Kraftquelle versiegt und es gerade nicht so läuft, sollten Sie sich eine neue suchen.

Meditation oder auch Yoga sind wunderbare Möglichkeiten, um sich auf wesentliche Dinge zu konzentrieren und allen Ballast loszulassen, der Ihrer Motivation im Wege steht. Sie finden innere Ausgeglichenheit, kommen mit sich selbst ins Reine und haben genug Energie, um motiviert einen Neuanfang zu starten.

Meditation ist eine gute Maßnahme, um die Konzentration zu erhöhen. Sie wird dafür gebraucht, um wesentliche Dinge zu erkennen und überflüssiges von der eigenen To-Do Liste zu streichen.

Auszeiten durch Meditation füllen die Kraftreserven wieder auf, auf die Sie zurückgreifen können, wenn Ihre Motivation beim Verfolgen Ihrer Ziele einmal nachlässt und sich der innere Schweinehund breit machen möchte. Aber auch an guten Tagen bietet Meditation die Chance, intensiv die positiven Gefühle zu intensivieren und mit noch mehr Motivation das gesetzte Ziel zu verfolgen.

Bauen Sie Meditation oder Yoga als Ritual in Ihren Tagesablauf ein. Suchen Sie sich bei

Ihrer Wochenplanung dafür feste Termine, die Sie in Ihren Stundenplan eintragen.

Sollte es einmal über einen längeren Zeitraum keine Aussicht auf eine Auszeit geben, verwenden Sie einfach die Stressless-Strategie. Dabei gehört ein halber Tag nur Ihnen, wo Sie sich selbst verwöhnen.

Zum Kraft tanken sind solche Rituale bestens geeignet, die Sie sofort auffangen, stärken, Stabilität verleihen und auf lange Sicht beflügeln und inspirieren. Damit sind Sie in der Lage, innere Stärke zu gewinnen, mit der Sie alles erreichen können.

Praktische Tipps und Tricks für neue Motivation

Sie werden immer wieder an den Punkt kommen, wo keine Motivation vorhanden ist. Es sind diese Tage, wo Sie nicht in den Trott kommen und irgendwie nichts richtig läuft. An solchen Tage ist die Couch oder das Bett der Zufluchtsort zum Verkriechen.

Wenn Sie abends von der Arbeit kommen, wartet der Haushalt noch auf Sie. Da ist Wäsche, die gewaschen werden muss und in der Küche steht noch das Geschirr vom Vortag.

Eigentlich müssten Sie ja auch noch die Präsentation fertigstellen. Wie sieht es heute mit einer Runde Joggen aus? Was ist mit dem Weiterverfolgen des großen Ziels?

Die Motivation für alle diese Dinge ist nicht vorhanden. Sie sind zu müde oder zu erschöpft. Außerdem regnet es draußen.

Morgen ist ja auch noch ein Tag, wo Sie all die Dinge erledigen können. Die Ausreden sind jedem bekannt und werden sehr häufig verwenden.

Gerade wenn chronische Unlust sich breit macht und Sie völlig unmotiviert sind, sollten Sie folgende 6 Tipps nutzen, um mit Schwung und Elan an die anstehenden Aufgaben heranzugehen.

Zitat: „Du musst Dich durch manche schlechten Tage kämpfen, um Dir die besten Tage Deines Lebens zu verdienen." Zig Ziglar

Tage, an denen es nicht gut läuft, gehören im Leben einfach dazu, damit Menschen nicht verlernen, die guten Dinge zu wertschätzen. Sie gehen immer mit einem Motivationstief einher. Um neue Motivation zu erlangen, sollten Sie Ihr Bewusstsein stärken.

Denn mit einem kleinen Funke lässt sich das Feuer wieder neu entzünden. Mit jedem Tag, an dem Sie in einem Motivationsloch sind, fällt das Überwinden schwerer. Daher heißte es: Sofort handeln und eine kleine Initialzündung herbeiführen, um wieder den richtigen Schwung zu bekommen.

1. Motivation benötigt Verantwortung

Wer unmotiviert ist, nimmt nur passiv am Leben teil. Alles zieht einfach nur an Ihnen vorbei. Sie geben die Gestaltung Ihres Tages aus der Hand.

Sie selbst sind für Ihre Motivation verantwortlich.

Dieses Wissen hilft Ihnen, das Motivationstief zu überwinden. Die Schuld für den fehlenden Antrieb sind nicht die anderen, sondern Sie selbst. Hören Sie auf, andere zum Sündenbock zu machen.

Klar gibt es Situationen, wo Sie unverschuldet einen Schicksalsschlag einstecken mussten oder ungerecht behandelt worden sind. Sogar für das momentane Motivationstief sind Sie vielleicht selbst gar nicht verantwortlich.

Schlüpfen Sie jetzt nicht in die Opferrolle, auch wenn Sie keine Schuld an der jetzigen Situation haben. Selbst Verantwortung für Ihr Leben übernehmen ist der richtige Weg, mit dem Sie Ihre Motivation beeinflussen.

2. Motivation benötigt Bewegung

Denken Sie einmal darüber nach, wodurch sich motivierte Menschen auszeichnen. Sie werden feststellen, dass diese eine besondere Ausstrahlung besitzen. Sie entsteht durch Selbstvertrauen und Selbstbewusstsein, die mit Körpersprache zum Ausdruck gebracht wird.

Einen motivierten Menschen sehen Sie niemals mit hängenden Schulter oder Mundwinkeln. Genauso wenig wird er bewegungsunfähig auf einer Couch sitzen. Solche Menschen sind immer in Bewegung und stecken voller Tatendrang.

Er versprüht Selbstbewusstsein und geht mit Überzeugung und einem breiten Lächeln jede gestellte Aufgabe an.

Motivierte Menschen mit Selbstvertrauen und Selbstbewusstsein sind immer in Action. Um wieder in die Erfolgsschiene zu gelangen, sollten Sie Ihre Körpersprache einmal überdenken und sich bewegen. Stehen Sie auf und bringen Sie Ihren Körper in Bewegung. Damit befreien Sie sich von Trägheit und Lustlosigkeit.

Körpersprache lässt sich sehr gut vor einem Spiegel trainieren. Schauen Sie einmal genauer hin, straffen Sie Ihre Schultern und tauschen Sie den mürrischen Gesichtsausdruck gegen ein Lächeln. Die veränderte Körperhaltung mit geradem Rücken zeigt Ihnen, dass Sie Willenskraft und Selbstvertrauen haben.

3. Motivation benötigt menschliche Nähe

Positive Auswirkungen auf das Wohlbefinden hat der Umgang mit anderen Menschen. Um wieder in Schwung zu kommen, sollten Sie ausgehen, sich mit Freunden treffen oder ein angenehmes Telefonat führen.

Durch die Sympathien, die Ihnen dabei entgegengebracht werden, erhalten Sie die nötige Energie, um das Motivationstief zu überwinden.

Aus eigener Erfahrung wissen Sie, dass Dinge zu zweit viel mehr Freude bereiten. Gehen Sie zusammen mit einem Freund oder einer Freundin zum Sport, räumen Sie zuhause mit Ihrem Partner zusammen auf oder verfolgen Sie zusammen ein Ziel.

Interessante Gespräche sind Treibstoff für das Gehirn. Der Mensch braucht den Austausch mit anderen, um sich gut zu fühlen.

4. Motivation benötigt positive Erinnerungen

Frustration hat großen Einfluss auf die Motivation. Negative Gedanken machen sich breit, wenn das Gefühl entsteht, auf der Stelle zu treten oder zu langsam zu sein. Es entsteht das Gefühl, dass alle Anstrengung umsonst ist. Das hat zur Folge, dass Sie am liebsten alles hinschmeißen wollen.

Stecken Sie gerade in dieser Phase, hilft es, wenn Sie sich Ihre bisherigen Erfolge aufzeigen. Erinnern Sie sich daran, was Sie bisher alles schon erreicht haben.

Schnell wird Ihnen klar, dass sich der Einsatz doch gelohnt hat. Zeigen Sie sich selbst, welche Herausforderungen Sie bereits gemeistert haben und was Ihnen besonders gut gelungen ist. Durch das Aufzeigen der Erfolge stellt sich eine positive Denkweise ein, die Ihre Motivation neu entfacht und Sie wieder in die richtige Spur bringt.

5. Motivation benötigt gute Gefühle

Eine wichtige Grundlage Ihrer Motivation sind gute Gefühle. Wer sich schlecht fühlt, keine gute Laune hat und enttäuscht ist, wird auch wenig motiviert sein, da die negativen Emotionen neue Motivation verhindert. Deshalb sollten Sie ganz bewusst gute Gefühle erzeugen, ohne ein schlechtes Gewissen zu haben.

Die Motivation ist nicht immer gleichbleibend hoch. Anstatt sich dafür zu bestrafen, sollten Sie sich um Ihr Wohlbefinden kümmern und Dinge machen, aus denen Sie neue Kraft schöpfen.

Manchmal reicht ein langer Spaziergang durch den Wald oder eine heiße Badewanne. Gönnen Sie sich ein Essen bei Ihrem Lieblingsitaliener oder eine erholsame Massage. Sie selbst wissen am besten, was Ihnen Freude bereitet, ein Lächeln ins Gesicht zaubert und die Seele streichelt.

6. Motivation benötigt Rhythmus

Alles im Leben braucht eine bestimmte Regelmäßigkeit, damit es funktioniert. Sie kennen die Situation, wenn Sie nach einer längeren Auszeit wieder den ersten Tag arbeiten gehen.

Es fällt Ihnen nicht leicht, wieder in den Arbeitsrhythmus zu kommen. Ein paar Tage sind nötig, um sich wieder einzufinden. Sie haben den normalen Rhythmus verloren.

Zitat: „Blicke nicht auf die Uhr. Mache das, was die Uhr tut: Weiterlaufen!" Sam Levenson

Wer beispielsweise einen guten Vorsatz mehrere Tage vor sich her schiebt, wird einen deutlich schwereren Wiedereinstieg haben.

Fehlt es Ihnen heute an der nötigen Motivation, sollten Sie sich trotzdem aufraffen und eine Kleinigkeit erledigen. Statt einem kompletten Hausputz durchzuführen, machen Sie eine Kleinigkeit, die Ihnen Spaß macht.

Dieser Tipp hat Allgemeingültigkeit und sollte nicht nur angewandt werden, wenn keine Motivation vorhanden ist. Sie bleiben im Rhythmus und überwinden ein eventuell auftauchendes Motivationstief, weil Sie sich gegen den inneren Schweinehund durchgesetzt haben.

7. Finden Sie heraus, was Sie persönlich motiviert

Versuchen Sie herauszufinden, was Sie motiviert. Auf der einen Seite kann das Geld und Anerkennung sein. Andererseits aber auch eine schwierige Aufgabe, die es zu lösen gilt. Es gibt keinen Menschen, der sich davon freisprechen kann, dass ihn bestimmte Dinge motivieren oder demotivieren.

Indem Sie für sich selbst herausfinden, was Sie motiviert, erlangen Sie ein einzigartiges Wissen über sich selbst.

Genau diese Weisheit hilft Ihnen dabei, mit der richtigen Hebelwirkung die nachlassende Motivation wieder zu befeuern.

Die Erkenntnis ist eine gute Grundlage für die Selbststeuerung, mit der Sie wieder in die Erfolgsschiene gelangen, um Ihre Ziele mit Optimismus und Willenskraft wieder zu verfolgen.

8. Konditionieren Sie Ihre inneren Programme

Es ist fatal, wenn Sie mehr Erfolg im Leben haben wollen und sich immer wieder einreden, dass Sie das sowieso nicht schaffen. Damit blockieren Sie sich selbst und erlangen nicht die Willenskraft, die Sie für Ihr großes Ziel brauchen.

Durch die negative Haltung ergibt sich eine fehlerhafte Programmierung, von der Sie sich befreien müssen. Schreiben Sie Ihre negativen Gedanken auf und verbrennen oder zerreißen Sie anschließend das Blatt.

Halten Sie sich vor Augen, wie sich Ihr neues Leben mit mehr Erfolg darstellt. Durch das Bild vor dem inneren Auge öffnet sich die Türe zum Unterbewusstsein.

Es gelingt Ihnen, Ihre Denkweise durch nützliche, neue Gedankengänge umzuprogrammieren. Es mag vielleicht nicht sofort funktionieren. Doch nach einiger Zeit manifestiert sich Ihre neue Denkweise.

9. Künstlich geschaffener Zeitdruck wirkt motivierend

Mit einer gesetzten Deadline gehen Ihnen viele Dinge einfacher von der Hand. Der Mensch ist so gestrickt, dass er unter Zeitdruck plötzlich wahre Wunder vollbringen kann. Warum sollten Sie nicht auch einen Zeitplan für Ihre eigenen Aufgaben, Ziele, Wünsche und Träume nutzen?

Motiviert bleiben gelingt, wenn Sie Ihre persönlichen Aufgaben und Ziele genauso behandeln wie einen Geschäfts- oder wichtigen Arzttermin. Tragen Sie den Termin in Ihren Terminkalender ein und heben Sie ihn deutlich hervor, damit Sie den Termin immer vor Augen haben.

Selbst gesetzte Termine haben eine kraftvolle Wirkung auf die Motivation, wenn Sie es ehrlich meinen und mit Ernsthaftigkeit daran gehen.

Sind größere Ziele anvisiert, sollten Sie für Teilziele Termine setzen.

10. Maßnahmenpläne, um die Motivation hochzuhalten

Da nicht immer überschaubar ist, wie viel Zeit für das Erreichen des Ziels benötigt wird, sind Maßnahmenpläne sinnvoll. In solchen Plänen werden nicht nur die Aufgaben mit einem festen Erledigungsdatum definiert. Darüber hinaus gehören Belohnungen dazu, die es beim Erreichen des Ziels gibt. Ein solcher Maßnahmenplan kann folgendermaßen aussehen, wenn Sie beispielsweise auf der Suche nach einem neuen Job sind:

Aufgabe	Erledigt bis:	Checktermin	Belohnung
Anzeige geschrieben und gestaltet	15.08.	10.08.	Ein Buch

Headhunter kontaktiert	20.08.	15.08.	Eine DVD
Bewerbungsmappe verschickt	28.08.	22.08.	Entspannten Abend mit Freunden
Assessment-Center Training durchgeführt	13.09.	07.09.	Kinobesuch
Bewerbungsgespräche vereinbart	20.09.	16.09.	Essen gehen beim Lieblingsitaliener
Jobzusage erhalten	15.10.	10.10.	3 Tage Wellness-Hotel

11. Motivation braucht ein gutes Zeitmanagement

Motivation für den aktuellen Tag benötigt ein gutes Zeitmanagement. Wenn Sie morgens die

Tagesplanung durchführen, gibt es keine Schwierigkeiten für unterschiedliche Aufgaben die nötige Motivation bereitzustellen und bei der Stange zu bleiben. Zeitmanagement ist Selbstmanagement und umfasst die Organisation aller, auch die privaten Aufgaben.

Mit einem guten Selbstmanagement steuern Sie Ihre Motivation und entwickeln die Willenskraft, am Ball zu bleiben. Mit jeder erledigten Aufgabe, die Sie aus Ihrem Tagesplan streichen, rücken Sie Ihrem Ziel nach mehr Erfolg im Leben näher. Sie sehen, was Sie alles geschafft haben. Sie gewinnen Selbstvertrauen und Zufriedenheit, weil Sie wissen, dass Sie die Willensstärke haben, Berge zu versetzen.

Motivation – die Zauberformel für mehr Energie, mehr Kraft und mehr Erfolg

Nachdem Sie nun alle wichtigen Aspekte von Motivation kennen, liegt es nur an Ihnen, wie Sie Ihr Wissen nutzen, um mehr Erfolg im Leben zu haben. Ihre Träume, Wünsche und Ziele sind die Grundlage für eine Veränderung, die Sie mit Motivation und Willenskraft erreichen.

Stärken Sie Ihr Selbstbewusstsein und vertrauen Sie auf sich selbst. Nutzen Sie alle Ressourcen, die Ihnen von außen geboten werden und entwickeln Sie ein Gefühl dafür. Martin Luther King sagte in seiner berühmten Rede: Zitat: „We have a Dream!" und gab den

Menschen damit die Motivation und den Ansporn, etwas zu verändern.

Nutzen Sie jeden Tag, um Ihren Traum und Ihr Ziel zu verfolgen. Sie haben alle Fähigkeiten, die Sie dafür brauchen. Worauf warten Sie noch?

Leoni Herzig

Quellenangabe:

https://www.beyourbest.de/kategorien/motivation/

https://selbst-schuld.com/fuenf-life-hacks-fuer-mehr-erfolg-und-motivation/

https://www.tippscout.de/erfolg-mit-selbst-motivation_tipp_338.html

https://karrierebibel.de/motivation/

https://mentalpower.ch/tipps-motivation-lebenslust/

http://lexikon.stangl.eu/3697/marshmallow-test/

https://www.wunderweib.de/das-geheimnis-innerer-staerke-7755.html

https://www.zeitzuleben.de/selbstlernkurse/projekt-innere-starke/

https://www.zeitzuleben.de/10-tipps-sich-selbst-zu-motivieren-2/

Haftungsausschluss und Impressum

Der Inhalt dieses Buches wurde mit sehr großer Sorgfalt erstellt und geprüft.
Für die Richtigkeit, Vollständigkeit und Aktualität des geschriebenen kann jedoch keine Garantie gewährleistet werden.

Sowie auch nicht für Erfolg oder Misserfolg bei der Anwendung des gelesenen.
Der Inhalt des Buches spiegelt die persönliche Meinung und Erfahrung des Autors wider.
Der Inhalt sollte so ausgelegt werden, dass er dem Unterhaltungszweck dient.
Er sollte nicht mit medizinischer Hilfe verwechselt werden.

Juristische Verantwortung oder Haftung für kontraproduktive Ausführung oder falsches Interpretieren von Text und Inhalt wird nicht übernommen.

Impressum
Autor: Leoni Herzig
vertreten durch:
Markus Kober
Kreuzerwasenstraße 1
71088 Holzgerlingen
markus.kkober@gmail.com

Alle Bilder und Texte dieses Buchs sind urheberrechtlich geschützt.

Ohne explizite Erlaubnis des Herausgebers, Urhebers und Rechteinhabers sind die Rechte vor Vervielfältigung und Nutzung dritter geschützt.

www.ingramcontent.com/pod-product-compliance
Lightning Source LLC
Chambersburg PA
CBHW020442220526
45464CB00002B/816